# OBSERVATIONS

Faisant suite au Mémoire adressé au Chef du Pouvoir
Exécutif,

PRÉSIDENT DU CONSEIL DES MINISTRES,

Le 5 Juin 1848.

———

Le Mémoire dont il est ici question ayant
été renvoyé au ministre des affaires étran-
gères par le président du Conseil, j'ai cru
voir dans cette disposition, sinon une preu-
ve, au moins un indice que son opinion personnelle, fût-elle même peu favorable au
projet, ne laissait pas que de lui attribuer
assez d'importance pour mériter l'attention
du ministre spécial. Je demande donc à me
prévaloir de cette interprétation pour présenter quelques observations qui viennent
en aide aux arguments dont je me suis servi
pour justifier, non pas seulement l'utilité
du projet, car l'évidence suffit à la démon-
stration, mais la convenance de l'entreprise,



1848

en vue des circonstances qui en favorisent le succès. En admettant même que le projet ait paru raisonnable, je sais qu'on peut m'objecter l'inopportunité du moment présent pour en tenter l'exécution. Mais je sais aussi que les embarras intérieurs dont on peut déduire cette inopportunité, tels graves qu'ils soient en effet, sont nécessairement transitoires, et qu'un peu plus tôt ou un peu plus tard, ils doivent disparaître devant la toute-puissance d'une volonté énergique ; tandis que les circonstances favorables dont il me paraîtrait si à propos de profiter, peuvent se modifier sous l'influence d'événements imprévus et cesser d'être aussi propices.

Aux causes accidentelles qui, dans ce moment, paralysent les moyens de puissance qui auraient pu être déployés contre nous, viennent se joindre quelques causes de moindre importance qui agissent également dans le sens de nos intérêts et qui prêtent à notre projet de nouvelles chances de succès.

La Prusse est devenue pour l'Autriche une rivale importune, par suite de la puissance territoriale que lui ont attribuée les traités de Vienne et de Paris. Cette rivalité s'est accrue par l'établissement du Zoll-Verein, au moyen duquel elle s'est placée à la tête de la plus grande partie de l'Allemagne qu'elle a, ainsi, enlevée au patronage de l'Autriche. — Tout récemment encore, le roi de Prusse a manifesté l'imprudente ambition de déposséder l'Autriche de sa suprématie séculaire, en se proclamant le chef et le protecteur de l'unité germanique. Le choix de la diète a dû le désappointer cruellement, et il doit naturellement résulter de ses tentatives infructueuses et du triomphe de l'Autriche, non plus une simple jalousie, mais une haine secrète, la plus aigre et la plus malveillante, entre les deux maisons rivales et, probablement, entre les deux peuples.

Il est donc présumable que l'Autriche sera peu disposée à prêter à la Prusse l'appui de sa médiation, et qu'elle ne s'affligera pas sensiblement de la perte de son grand duché du Rhin.

La situation de l'Autriche se complique de beaucoup d'intérêts divers et de dangers redoutables. Elle est menacée de perdre tout ce qu'elle possède en Italie, c'est-à-dire la Vénétie, la Lombardie, et même les débouchés des Alpes, qui pourraient favoriser son retour.

Sa population disparate l'expose à des déchirements tels, qu'elle peut un jour se trouver réduite aux seules provinces germaniques. — La race Slave est en majorité dans la Silésie, la Bohême et la Moravie; elle est presque exclusive dans la Hongrie, la Transilvanie, la Galicie, l'Esclavonie et la Croatie. — La race Germanique est seulement exclusive en Autriche, et prédominante dans la Styrie, l'Illyrie, la Carinthie, la Carniole et le Tyrol.—Le Frioul vénitien et les limites méridionales du Tyrol sont peuplés d'Italiens.

Dans une telle disposition, l'Autriche doit être fort tourmentée des manifestations qui ont éclaté dans quelques-uns de ses États, et des tendances qui se sont signalées parmi les peuples slaves, jaloux de constituer aussi leur unité nationale; disposition qui pourrait être cultivée par la Russie, à qui elle pourrait devenir très-profitable, au détriment de l'Autriche et même de la Prusse.

Si de la fermentation tumultueuse de toutes les théories politiques et socialistes que la philosophie moderne s'est plu à lancer pêle-mêle sur la surface de l'Europe ; s'élevait, un jour, au sein de la race Slave, le projet arrêté de constituer son unité nationale sous un prince de la maison Romanow, quel intérêt la France aurait-elle à contrarier cette organisation nouvelle qui ferait contre-poids à celle de l'Allemagne ? Contre-poids réel et utile, car ce n'est point de la Russie, mais de l'Allemagne, que la France doit s'inquiéter. Les deux masses devenues assez puissantes pour se redouter réciproquement, auraient à s'observer avec une vigilance et une jalousie mutuelles.

La Russie, le seul empire de l'Europe que le choléra politique n'ait point encore atteint, n'aurait intérêt à combattre la République qu'autant qu'elle lui paraîtrait dangereuse pour la propagation de ses doctrines. Mais aujourd'hui, ces doctrines n'ont plus besoin de venir de la France, elles sont en contact avec elle par la Prusse et l'Autriche. Elle se contentera donc de les repousser et de les contenir le plus efficacement possible, par les moyens de sévérité que lui permet sa toute-puissance.

Quant à la politique qu'elle adoptera, elle sera conforme à ses intérêts présents et à ses vues ultérieures. La France n'aura point à redouter d'intervention ni d'hostilité, si elle ne veut pas contrarier ses desseins. Et pourquoi les contrarierait-elle ? — Que lui importe qu'elle arrive à Constantinople ? — Son ambition peut-elle jamais prendre une direction menaçante pour nous ? — Que lui importe encore qu'elle arrive dans la Méditerranée ? — N'a-t-elle pas, au contraire, intérêt à ce qu'elle y vienne lutter avec nous, contre la domination de l'Angleterre ?

La situation générale de l'Europe donne aujourd'hui à la Russie liberté plénière pour conduire à fin ses projets séculaires ; elle n'a à craindre ni l'Autriche ni la Prusse, qui ont trop d'embarras chez elles pour s'occuper de leur voisin. Si la Prusse prenait seulement une attitude menaçante, elle se verrait enlever la Prusse ducale en une seule campagne ; car cet État se trouve enclavé dans ceux de la Russie et pourrait être attaqué de front par le Niémen, pendant qu'il serait pris de flanc et tourné de Varsovie par la Vistule. Qui sait où s'arrêterait l'armée victorieuse, puisqu'après la Vistule, la Prusse n'a plus de position défensive que sur l'Oder? Que deviendrait son grand duché de Posen, qui paraît d'ailleurs compter sur les promesses royales pour former un État distinct, par son administration, ses lois, et sa nationalité?

Qui donc arrêterait la Russie, si elle voulait aller à Constantinople? À moins que la France n'eût la fantaisie de s'en mêler, il n'y a que l'Angleterre qui puisse la contrarier, et ce ne sera certainement pas avec une armée de 50 à 60 mille hommes qu'elle ira porter secours aux Turcs. Si elle n'arrive qu'avec ses vaisseaux, elle pourra faire beaucoup de tapage, mais elle n'empêchera pas les Russes d'avancer.

Quant à la Russie, jamais elle n'aura une plus belle occasion de réaliser les plans et les espérances de Catherine; car les deux seules puissances qui pouvaient l'arrêter et qu'elle se serait vue dans la nécessité d'admettre au partage de la dépouille, sont au jourd'hui dans l'impossibilité de lui nuire, et hors d'état de faire payer leur neutralité forcée.

Sans cesser d'être bienveillante envers la Turquie, la France n'a plus à s'inquiéter de son avenir. Il fut un temps où l'union des deux États servait un intérêt commun, contre un ennemi commun. C'est l'époque de l'alliance contractée entre François I<sup>er</sup> et Soliman. La France avait alors à lutter contre Charles-Quint, qui se trouvait à la fois souverain de l'Espagne et des Pays-Bas, archiduc d'Autriche, roi de Bohême et de Hongrie, et de plus, empereur d'Allemagne. Aujourd'hui, tout est changé, ni la France ni la Turquie ne sont plus menacées par l'Autriche. Si nous sommes exposés à nous rencontrer encore avec elle sur quelques champs de bataille, c'est parce qu'elle vient de recouvrer la protection de l'Allemagne, par le choix que la diète vient de faire de l'archiduc Jean, comme vicaire du nouvel Empire de l'unité germanique. En supposant que nous puissions nous trouver engagés dans quelques démêlés avec l'Allemagne, ce qui rentre dans les probabilités qu'encourent nécessairement tous les peuples que leur position géographique met en contact, l'alliance utile pour nous ne serait pas celle de la Turquie, mais bien celle de la Russie, qui se trouve derrière l'Allemagne, que nous mettrions entre deux feux, pour notre protection mutuelle, si l'un ou l'autre des deux alliés se trouvait attaqué.

C'est donc là la véritable alliance que nous avons intérêt de rechercher. Alliance naturelle et réellement utile aux deux contractants. Séparés par de vastes contrées, les deux peuples n'ont aucun intérêt à débattre ; aucun sujet de querelle, aucune cause raisonnable de litige, ne peuvent troubler leur bonne intelligence ; placés aux deux extrémités de l'Europe continentale, ils semblent destinés à en devenir les modérateurs et les arbitres.

Cette alliance pourrait avoir pour objet de maintenir entre toutes les souverainetés allemandes la situation respective de chacune d'elles, sans permettre le moindre empiétement des unes sur les autres, et sans toutefois s'ingérer dans leur administration intérieure et leurs intérêts particuliers. Le seul but serait de maintenir l'intégralité des territoires, et par conséquent une paix perpétuelle en Europe, et de réaliser ainsi le rêve philanthropique de l'abbé de Saint-Pierre.

Entre la France et la Russie, les conditions de cette alliance sont très-faciles et très-acceptables de chaque côté. D'une part, laisser la Russie faire en Turquie et en Asie ce que commandent ses intérêts et ce que poursuit sa politique; d'autre part, obtenir sa coopération, c'est-à-dire l'emploi de son influence sur la Prusse, pour obtenir la restitution de notre limite du Rhin.

Nous connaissons toutes les objections qui nous seront opposées et qui paraîtront d'autant plus spécieuses que les doctrines républicaines se trouvent encore plus disparates que celles d'une monarchie constitutionnelle, avec les principes et les formes d'un gouvernement despotique, d'où l'on conclut qu'il ne saurait exister aucune alliance entre deux États de constitution si contraire.

C'est comme conséquence de cette fallacieuse conclusion, que l'alliance de l'Angleterre a paru au dernier gouvernement la seule qui convînt à la France. Le roi admettait l'application du principe comme base fondamentale de sa politique, et rien au monde n'aurait pu le déterminer à y déroger; il considérait l'alliance anglaise comme la seule garantie certaine de la continuation de la paix. C'est de la paix, et seulement de la paix, qu'il prétendait obtenir la consolidation de sa dynastie; l'expérience a cruellement trompé ses espérances.

Nous considérons comme préjugé irréfléchi cette opinion sur la nécessité d'un gouvernement similaire, comme condition d'une alliance solide entre deux peuples; et comme une erreur funeste, la préférence donnée par la France à l'alliance de l'Angleterre sur celle de la Russie. Nous demandons la permission de combattre l'un et l'autre par quelques arguments que nous croyons fondés sur un principe absolu et sur la saine raison.

L'échange de l'alliance de l'Angleterre pour celle de la Russie, quelles que soient les préventions du gouvernement et de quelques hommes d'état, quels que soient les préjugés des partis et de la multitude, ne m'en paraît pas moins le système de politique extérieure le plus conforme aux véritables intérêts de la France.

L'incompatibilité qu'on veut déduire de l'opposition des principes constitutifs des deux gouvernements, n'est que la conséquence erronée d'une analogie complétement étrangère aux considérations qui doivent guider les peuples dans le choix de leurs alliances respectives. Ce sont les intérêts essentiels et permanents des États, et non les différences ou les similitudes accidentelles de leur organisation intérieure qui peuvent en devenir les bases solides.

Pourquoi les deux associés chercheraient-ils à se tourmenter et à réagir l'un sur l'autre pour arriver à des institutions communes? Ce serait substituer un principe de domination à la liberté que chacun a droit de réclamer pour soi, et c'est en vertu de ce droit que chacun reste juge absolu de ce qui convient le mieux à sa position particulière, à son assiette géographique, à ses mœurs, ses usages, à ses traditions et à son degré de civilisation. C'est en dehors des sympathies ou des répulsions systématiques de certaines formes gouvernementales, en dehors de l'application exclusive de certaines doctrines philosophiques, qu'il faut chercher les véritables éléments d'une alliance sincère et réellement utile.

A mon sens, elle n'acquiert garantie de solidité et de perpétuité qu'autant qu'elle réunit de telles conditions de convenance réciproque qu'elles ne sauraient être altérées, même par les querelles passagères qui pourraient, fortuitement, troubler la bonne harmonie ; en ce que l'action constante d'un principe conservateur doit tendre à la rétablir sans cesse. — Ce principe conservateur, c'est un intérêt général commun et invariable.

Il ne peut exister qu'autant que la position respective des deux peuples est telle qu'elle n'admet aucune cause raisonnable de jalousie, de rivalité et d'ambition, l'un à l'égard de l'autre ; et qu'il y ait impossibilité physique à ce que, jamais, les confédérés aient rien à redouter sérieusement de leurs entreprises réciproques.

Que de plus, les intérêts particuliers de

de chacun ne soient en opposition, ni entre eux, ni avec l'intérêt général qui est le but de l'association.

Qu'enfin, dans les actes communs d'hostilité et de défense, il y ait concours des intérêts particuliers avec l'intérêt général.

Telle est la position respective de la France et de la Russie. Placées aux deux extrémités de l'Europe, et séparées par des États puissants qui ont intérêt à se conserver tels et à se maintenir indépendants, elles ne peuvent raisonnablement rien entreprendre l'une contre l'autre. Il ne peut exister entre elles aucun sujet de querelles et de jalousie.

La prospérité de chacune ne peut être nuisible à l'autre, et son accroissement est dans les intérêts de toutes deux.

Les conquêtes de la Russie ne peuvent jamais prendre une direction menaçante pour la France, et peuvent au contraire ouvrir un plus vaste champ à ses spéculations commerciales. Nos manufactures auraient à lui fournir beaucoup d'objets qui manquent encore à son industrie et qu'elle est obligée de tirer d'Angleterre pour échanger avec les métaux et les matières qu'elle reçoit des côtes méridionales de la Mer Noire, et avec les produits de la Perse et de l'Inde qui arrivent de Bassora et de Bagdad par les caravanes. Ces produits pourraient être rachetés de la Russie par d'autres produits de l'industrie française.

L'introduction de la marine russe dans la Méditerranée balancerait l'influence anglaise et affranchirait les autres puissances maritimes de la domination qu'elle exerce dans ce bassin intérieur où elle devrait être étrangère.

L'accroissement de puissance que peut obtenir la France par l'acquisition de la limite du Rhin, loin de contrarier la Russie, sert évidemment ses vues et ses intérêts, parce qu'elle acquiert un haut degré de force et d'importance qui la rend redoutable à l'Angleterre, sa rivale comme la nôtre. Cette extension de territoire ne peut même alarmer l'Allemagne, parce qu'étant le complément nécessaire de notre assiette géographique, elle doit, tôt ou tard, nous appartenir et provoquer des guerres qui pourraient être désastreuses pour elle. Tandis que par l'influence de la Russie, sa restitution à la

France peut s'opérer sans hostilité et devenir, pour tous, le gage d'une paix solide et
d'une relation amicale également favorable
aux deux rives.

Qu'on soumette à la même analyse la convenance d'une alliance de la France avec
l'Angleterre ; une série de faits innombra-
bles, depuis huit cents ans, vient aussitôt té-
moigner de l'opposition constante de tous
leurs intérêts et de la rivalité incessante et
nécessairement interminable de leurs pré-
tentions respectives. Industrie, commerce,
prospérité intérieure, puissance et influence
extérieures, suprématie et domination maritime, ambition insatiable et toujours exclusive de toute participation ; telles sont les
causes vivaces et perpétuelles d'une jalousie
et d'une inimitié éternelles.

Pendant 400 ans, de Philippe I^er à Char-
les VII, c'est-à-dire sous le règne de seize
rois consécutifs, les Anglais ont désolé la
France de leurs incursions, de leurs dévas-
tations et de leurs intrigues pour s'appro-
prier les successions des ducs de Normandie
et d'Éléonore, duchesse de Guyenne et de
Gascogne, c'est-à-dire la moitié du royaume.

Depuis leur expulsion définitive, et pendant 400 ans encore, quelle est la guerre continentale contre la France à laquelle ils n'aient pas pris part, qu'ils n'aient pas fomentée et soldée? Sans partager les chances et les charges d'une solidarité commune avec leurs alliés, ils ont toujours su s'indemniser à nos dépens. C'est ainsi qu'ils nous ont successivement dépouillés de tous nos grands établissements : le Catéck et les quatre Sircars, sur la côte de Coromandel et dans le golfe du Bengale; le Canada dans le Nord-Amérique. — Jamais, ils n'ont rien restitué de ce qu'ils ont une fois occupé : Gibraltar, Malte, Corfou, Ceylan, le cap de Bonne-Espérance, l'Ile-de-France sont encore entre leurs mains. Les îles de Gersey, de Guernesey et d'Origny, qui appartiennent à notre continent, qui sont, pour ainsi dire, à la portée du canon de nos côtes, semblent insulter à la puissance de la France et y perpétuent le souvenir de leurs outrages et la haine de leur domination. — Dans quelles contrées du globe et dans quelles mers, voisines ou lointaines, leur cupidité et leur absolutisme n'ont-ils pas posé des védettes de surveillance et fondé des points d'appui pour s'arroger l'exploitation exclusive du commerce du monde ? Éligoland à l'embouchure de l'Elbe, Buschire dans le golfe Persique, Aden dans la Mer Rouge, les îles Malouines qu'ils ont appelées Falkland, pour dérober aux Français l'honneur de leur découverte, sur les côtes orientales de l'Amérique du Sud. Il n'est pas jusqu'à la Nouvelle-Zélande dont ils ont dépouillé une compagnie française, pendant qu'ils nous contestaient l'établissement d'un misérable hôpital dans un îlot des Baléares, malgré le consentement des Espagnols qui en sont les légitimes possesseurs. — Dominateurs insolents, industriels et commerçants jaloux et insatiables, leur orgueil et leur avarice n'admettent au partage de leur bienveillance que des peuples soumis et non des alliés à titre d'égalité.

La France n'a rien à gagner, rien à espérer de son alliance avec l'Angleterre, ni pour sa puissance, ni pour sa prospérité commerciale. L'une et l'autre seront toujours contenues dans les limites que sa suprématie aura imposées à leur développement. Le seul avantage qu'elle puisse en retirer, c'est la probabilité de la paix. Mais cette paix reste dépendante de sa volonté et de son caprice. En s'en rendant l'arbitre, elle la fait cesser à son gré, dès qu'elle le juge à propos, dans les intérêts de sa rivalité. Danger de plus et moyen de domination perpétuelle ! C'est l'épée de Damoclès qu'elle tient suspendue sur votre tête.

L'alliance de la Russie est sincère parce qu'elle repose sur une communauté d'intérêts invariables, tant pour la puissance que pour la prospérité commerciale des deux parties. Elle garantit à chacun des associés une sécurité continentale absolue, à l'égard des autres États. Qui oserait attaquer l'un ou l'autre quand il y aurait pour l'agresseur danger de se trouver pris entre deux feux et d'avoir affaire avec les deux premières puissances de l'Europe ?

On nous opposera, comme un danger imminent et fort redoutable, la supériorité maritime de l'Angleterre qui, au premier signe d'hostilité, portera le ravage dans nos colonies, ramassera sur toutes les mers les quelques bâtiments marchands que nous pouvons y avoir, et nous interdira toute na-

vigation commerciale. Je suis obligé de re-
connaître la gravité de l'objection. Mais si je
ne puis en contester l'exactitude, je crois
être fondé à adresser aux deux gouvernements de la Restauration et de la Révolution
de 1830, le reproche sévère d'avoir placé la
France dans cet état d'infériorité et de péril.
Si depuis 1814, douze millions seulement
eussent été, chaque année, prélevés sur le
budget maritime pour être exclusivement af-
fectés à la construction de vaisseaux et de
frégates qui constituent réellement la puissance navale militaire, nous nous trouve-
rions aujourd'hui en état de nous défendre
et de donner à l'ennemi de sérieuses inquié-
tudes. — Telle disproportionnée que soit
notre marine, nous sommes encore en position de faire éprouver au commerce anglais
des pertes immenses, au moyen des corsaires
et des bâtiments légers de l'État, s'il leur
est imposé l'obligation de couler les prises,
toutes les fois qu'il y a danger d'être repris
aux attérages, et de jeter les équipages sur
des côtes hospitalières. Le gouvernement
réglerait l'indemnité à accorder dans ce cas,
sur la valeur de la prise constatée par les

connaissements officiels et d'après l'appré-
ciation des probabilités de sauvetage.

Pour devenir redoutables à l'Angleterre,
il n'est pas nécessaire d'atteindre une égalité
de force absolue. Les meilleurs marins re-
connaissent qu'une escadre qui comprend
plus de trente voiles cesse d'être maniable et
devient plutôt incommode qu'utile. Si donc
nous avons un jour une pareille force dispo-
nible à Brest et à Toulon, c'est-à-dire dans
l'Océan et dans la Méditerranée, nous deve-
nons, par ce seul fait, très-respectables et
peut-être sérieusement dangereux pour nos
voisins, surtout en raison de la position
dans laquelle ils se trouvent vis-à-vis de l'Ir-
lande.

La puissance de l'Angleterre, tout im-
mense qu'elle soit, n'est qu'un artifice d'industrie qui peut être brisée d'un seul coup.
La perte d'une grande bataille navale suffit
pour détruire le prestige et la menacer d'une
ruine générale à l'intérieur comme à l'exté-
rieur. A chaque rencontre, l'Angleterre joue
toujours son *va-tout*, elle doit finir par le
perdre ; tandis que pour la France, la perte
d'une ou de plusieurs escadres n'est qu'un

grand malheur, comme l'inondation du Rhône ou de la Loire; mais elle n'en reste pas moins ce qu'elle est, c'est-à-dire, une puissance continentale du premier rang. Parce que sa force, à elle, repose sur sa population, sur son sol, sur sa richesse intérieure et sur le milliard d'impôts qu'elle peut, sans s'épuiser, fournir à son gouvernement.

Nous soumettons avec respect au jugement du chef du pouvoir exécutif et de son conseil des ministres, les considérations dont nous nous sommes appuyé pour établir les facilités que les circonstances et la perturbation qu'elles ont apportée dans la situation politique de l'Europe, paraissent offrir pour l'entreprise du projet que nous avons eu l'honneur de lui présenter. Nous sommes tellement pénétré de son importance, que nous avons cherché à l'entourer de toutes les recommandations qui peuvent le faire accueillir.

Si nous insistons sur l'alliance de la Russie, c'est parce que nous la jugeons conforme aux vrais intérêts de la France, et que, dans le but que nous nous proposons, elle deviendrait décisive pour le succès.

L'avénement de la République nous a amené bien des désastres. Une contre-révolution y mettrait le comble et deviendrait le terme fatal de la dissolution définitive de de la société et de la subversion du sol. C'est donc la République qu'il nous faut conserver, défendre et honorer. Si les maux et les malheurs qu'elle a causés ne peuvent être réparés, de longtemps, par les moyens ordinaires de gouvernement et de crédit, nous pensons qu'ils peuvent être compensés par la réhabilitation de l'honneur national et par le retour d'une puissance qui, plus tard, deviendra un moyen de recouvrer tout ce qu'elle nous a fait perdre et de rétablir tout ce qu'elle a détruit.

DE RICHEMONT.

24 Juillet 1848.

FIN.

---

Les observations présentées dans ce nouveau Mémoire, complément nécessaire du premier, ont pour objet principal de signaler l'intervention de la Russie comme le moyen de succès le plus puissant et le plus certain pour la réalisation complète du projet proposé.

Cette intervention ne pouvant être que la conséquence d'une alliance entre les deux États, nous nous sommes attaché à faire ressortir les avantages communs qui en seraient les heureux produits.

Depuis la révolution de 1850, les relations amicales qui existaient entre eux ont été brisées, moins par l'événement qui s'est produit que par la nouvelle direction imprimée à notre politique extérieure. Nous avons abandonné spontanément la Russie pour nous jeter à la tête de l'Angleterre ; de là l'extrême irritation de l'empereur Nicolas, sentiment qui n'a pu se déguiser qu'en affectant le caractère d'une animosité personnelle, mais qui, au fond, n'était que le juste dépit d'avoir vu triompher la politique anglaise au détriment de la sienne. — Quel est l'homme d'état, quel est le politique observateur qui, depuis les traités de 1815, n'ait pas remarqué et constaté les efforts alternatifs de l'Angleterre et de la Russie pour obtenir l'alliance de la France ? Faut-il s'en étonner, lorsque cette alliance devait, forcément, assurer une suprématie incontestable à celle des deux puissances qui parviendrait à se la concilier ? Qu'on soit donc rassuré sur les dispositions du cabinet de Saint-Pétersbourg. L'Empereur est trop dévoué à la gloire et à la puissance de son Empire, pour que les grands intérêts d'Etat n'imposent pas silence aux préventions et aux dissidences de l'homme privé.

Imp. de P. CORDIER, rue du Ponceau, 24.